글 **서울대학교 행복연구센터**

모두의 '더 나은 삶For Better Lives'을 위해
2010년도에 설립된 행복 연구·교육 기관.
행복과 좋은 삶에 관한 연구,
초·중·고등학교에 행복 교육 전파,
전 생애 행복 교육 프로그램 개발 등
행복의 확산에 매진하고 있습니다.
2017년 카카오같이가치 프로젝트를 통해
대중과의 소통을 더욱 넓혔으며,
2025년에는 많은 이의 하루하루에 행복이 스며들길
바라는 마음으로 《행복력》을 썼습니다.
내가 오늘 행복하고, 나와 함께 있는 사람이 행복해지며,
궁극적으로는 우리 모두가 행복해지기를 바랍니다.

글 **최인철**

서울대학교 심리학과 교수,
서울대학교 행복연구센터 센터장, ㈜굿라이프랩 대표.
행복을 과학적으로 탐구하고, 그 가치를 널리 전하기 위해
활발한 연구를 이어가고 있습니다.
저서로 《프레임》《굿 라이프》《아주 보통의 행복》 등이 있고,
역서로 《생각의 지도》《행복에 걸려 비틀거리다》가 있습니다.
행복한 삶에 한 걸음 더 가까워지는 새로운 시도의 일환으로
《행복력》과 함께했습니다.

글 **우정은**

서울대학교 행복연구센터, ㈜굿라이프랩 연구원.
행복 연구를 실천적 교육과 솔루션 개발로 확장하는
일을 하고 있습니다. 행복은 일상 속에서 구체적으로 길러지고
훈련될 수 있다는 믿음 아래, 개인과 조직이 행복을 체계적으로
연습할 수 있는 프로그램을 기획합니다. 사람들이 삶 속에서
행복을 실질적으로 경험할 수 있도록 돕고자 합니다.

그림 **오롤리데이**

보이지 않는 행복을 쉽고 구체적이며 유쾌하게 보여주는
브랜드. 매일의 일상 속에서 행복을 더해주는 문구와
라이프스타일 제품을 선보이며, 사람들이 더 행복해지기를
바라는 다정한 마음으로 브랜드를 꾸려가고 있습니다.

더 많은 이에게 행복을 선물하기 위해
'비해피어 캠페인 Be Happier Campaign'을 지속해오고 있으며
수익의 일부를 기부하며 가치 있는 변화를 만들어나갑니다.
《행복력》에서는 오롤리데이의 시선으로 바라본
'행복 24절기'를 일러스트로 선보입니다.

오롤리데이는 믿습니다.
작은 물건과 행동으로 충분히 행복해질 수 있으며,
누구나 행복한 사람이 될 수 있다는 것을.

행복 편지

서울대학교
행복연구센터

"생일 축하해!" "10주년까지 함께하자!"
우리는 별일 없는 하루에 작은 기념일을 더하며
일상을 조금 더 특별하게 만들어갑니다.

그렇다면, 행복에도 기념일을 만든다면 어떨까요?
그리고 매일을 '행복 기념일'처럼 살아간다면요?
1년을 따라 흐르는 행복 24절기,
모든 날을 각자의 의미로 채워갈 수 있는 365개의 질문들.

하루하루 시간이 지나며 《행복력》은 한 장씩 가벼워지겠지만,
그 속에 담긴 여러분의 행복은 조금씩 더 깊어질 것입니다.
하루의 작은 질문이 모두의 행복이 되기를 소망하며,
서울대학교 행복연구센터는 그 여정에 함께하겠습니다.

행복 편지

오롤리데이

'왜 나만 빼고 다 행복해 보일까?'
한 번쯤은 그렇게 생각해본 적 있을 거예요.
행복은 돈으로 살 수 없고,
열심히 살아도 손에 잡히지 않을 때가 있죠.
그래서 너무 추상적이고 멀게만 느껴집니다.

오롤리데이는 손에 잡히고 눈에 보이는 행복을
선물하고 싶었습니다. 그 진심을 담아,
《행복력》에 그림으로 함께 참여했습니다.
하루하루 나에게 다정한 질문을 건넨다면,
나만의 행복에 조금 더 가까워질 거예요.
당신만의 반짝이는 행복이 가득할 2026년을 응원합니다.

리셋과 리듬

내 일상에 행복 리듬 입히기.
1월은 한 해를 여는 첫 달이자,
나의 삶을 새롭게 가다듬고 다시 호흡을 맞추는 시기입니다.
"리셋과 리듬"은 단순히 계획을 세우는 것을 넘어,
내 삶에 행복의 리듬을 만들어주는
작은 습관을 설계한다는 뜻을 담고 있어요.

불필요한 것을 덜어낸 자리를
삶의 기쁨과 만족을 높여주는 작은 루틴으로 채워,
나를 회복하고 성장시키는 행복한 흐름을 만들어봅니다.

RESET MODE: ON

1

JANUARY

일	월	화	수	목	금	토
				1	2	3
4	5	6	7	8	9	10
11	12	13	14	15	16	17
18	19	20	21	22	23	24
25	26	27	28	29	30	31

2026

JAN

1

목요일
신정

새해 첫 감정 기록

올해의 첫 기분을 한 단어로 적어보면 무엇인가요?

#설렘_폭발 #약간_긴장 #될놈될_느낌

2026

JAN

2

금요일

감사 전하기

오늘 고마운 사람에게 인사 한 줄을 건네보세요.
따뜻함은 전염돼요.

"덕분에 오늘 웃었어요. 고마워요."

JAN

3

토요일

행복은 디테일에 있다

오늘 당신을 미소 짓게 한 아주 사소한 기쁨은 무엇인가요?

손끝 시린 날, 따뜻한 라테 한 잔

JAN

4

일요일

오늘의 첫 마디

하루를 여는 나만의 아침 주문을 만들어보세요.

추위 속에서도 견디는 행복의 힘 **행복소한**

JAN  **화요일**

나의 장점

지금 떠오르는 나의 장점 세 가지는 무엇인가요?
겸손은 잠깐 넣어둬요!

다정함, 꼼꼼함, 리액션 부자

JAN 7 수요일

글귀 한 스푼

좋아하는 글귀 하나를 공유해보세요.
그 글귀가 누군가를 위로할지도 몰라요.

"자극과 반응 사이에는 공간이 있다." —빅터 프랭클(Viktor Frankl)

JAN 8 목요일

지워도 되는 것

내 일상에서 비우고 싶은 한 가지는 무엇인가요?

불필요한 걱정

JAN  금요일

마이크로(micro) 정리

책상이나 방 안의 작은 공간을 정리해보세요.

서랍 한 칸 정리로 충분!

JAN **10** 토요일

꿈

요즘 내가 품고 있는 꿈은 무엇인가요?

JAN  일요일

오늘의 착한 일

하루 동안 좋은 일 한 가지를 실천해보세요.

길에 떨어진 쓰레기 줍기

JAN **12** 월요일

자신감

스스로에게 박수 치고 싶은 순간은 언제인가요?

내 의견을 당당히 말할 때

2026

JAN **13** 화요일

하지 않기 루틴

오늘부터 하지 않겠다고 선언하고 싶은 행동은 무엇인가요?

밤 열 시 이후 야식 안 먹기

2026

JAN # 14 수요일

나만의 행복 공식

나에게 행복이란 무엇인지 한 단어로 적어보세요.

2026

JAN **15** 목요일

감사 한 줄
오늘 감사한 일 한 가지는 무엇인가요?

무탈하게 일과를 마친 것

2026

JAN **16** 금요일

처음 해봤어요

어떠한 새로운 도전을 해볼 수 있을까요?

2026

JAN **17** 토요일

오늘의 배움
새롭게 배운 것이 있나요?

우유를 먼저 넣고 커피를 부으면 부드러움이 배가 된다!

2026

JAN # 18 일요일

디지털 다이어트

불필요한 애플리케이션 세 개를 골라 삭제하세요.

쇼핑, 게임, 소셜미디어 애플리케이션

JAN # 19 월요일

거울 속 나에게

거울을 보며 나에게 미소 지을 때, 어떤 말이 떠오르나요?

"오늘도 잘하고 있어!"

JAN 20 화요일

추운 겨울에도 봄을 기다리는 희망의 행복 **행복대한**

2026

JAN # 21 수요일

공간 리셋

원하는 습관을 기르는 데 방해되는 물건을 치워볼까요?

소파 옆 스낵박스

JAN **22** 목요일

마음의 쉼표

오늘 마음에 쉼표를 찍은 순간은 언제였나요?

JAN **23** 금요일

습관 파트너 만들기

좋은 습관을 함께할 습관 파트너를 정해보세요.

친구와 물 여덟 잔 마시기 미션

2026

JAN **24** 토요일

작은 습관 바꾸기

약간이라도 바꾸고 싶은 습관은 무엇인가요?

밥 먹을 때 채소 먼저 먹기

2026

JAN # 25 일요일

'그냥'을 선물하기

가까운 사람에게 이유 없이 작은 선물을 건네보세요.

2026

JAN **26** 월요일

1분 멈춤

하루 중 언제라도 1분간 숨을 고르며 잠시 멈춰보세요.

JAN # 27 화요일

나만의 리듬송

듣기만 해도 미소가 피어나는 나만의 음악을 틀어보세요.

2026

JAN **28** 수요일

자연 속 산책

주변에서 자연을 찾아 잠깐이라도 걸어보세요.

점심 먹고 회사 근처 공원 산책

JAN # 29 **목요일**

행복 방해꾼 지우기

요즘 나의 행복 리듬을 깨는 요소는 무엇인가요?

JAN # 30 금요일

하루 끝 감정 체크

하루를 마무리하며
내 감정을 한마디로 표현한다면 무엇인가요?

편안함, 아쉬움, 뿌듯함

2026

JAN **31** 토요일

돌아보기
1월의 나를 한마디로 어떻게 묘사할 수 있을까요?

"조금 더 단단해졌다."

사이 연구소

사이와 사이를 잇는 관계 실험실.
하루의 많은 시간을 함께 보내는 사람들과의 '사이',
그 사이가 조금만 어긋나도 우리의 하루는 크게 달라집니다.
2월은 그 미묘한 틈을 신중하게 들여다보고,
다시 따뜻하게 이어보는 달이에요.

고마움을 표현하고, 다정하게 이름을 부르고,
눈을 맞추며 웃어주는 작은 행동이
서로의 거리를 얼마나 가깝게 할 수 있는지 실험해볼까요?
사이와 사이가 다시 이어지며
말 한마디의 온기로 채워지는 2월이 되기를 바랄게요!

BETWEEN US LAB

2

FEBRUARY

일	월	화	수	목	금	토
1	2	3	4	5	6	7
8	9	10	11	12	13	14
15	16	17	18	19	20	21
22	23	24	25	26	27	28

2026

FEB  일요일

사이 속의 나

관계 속에서 나는 어떤 스타일인가요?

2026

FEB

2

월요일

아이컨택 치어스

식사 시간, 앞에 앉은 사람과 물잔으로 짠! 하며 미소 지어보세요.

"우리의 하루에 건배!"

FEB

3

화요일

키다리 아저씨

누군가를 살짝 돕고 티 내지 말고 지나가세요.

#프린터_종이_채우기 #회의실_의자_반듯이_정렬하기

봄 기운 가득한 새출발의 행복 **행복입춘**

2026

5

목요일

대화의 추억

오늘을 마무리하며 기억에 남는 대화가 있나요?

울고 있을 때 옆에 있어준 친구와 무언의 대화

2026

FEB  **6** 금요일

나를 위한 다정함

나에게 다정한 행동 하나를 해보세요.

다이어트 걱정은 접고, 좋아하는 빵 하나 사 먹기

2026

FEB **7** 토요일

실수 덮기

타인의 사소한 실수를 따뜻하게 덮어주세요.

#이_정도_오타면_귀여움_인정

2026

FEB **8** 일요일

문득 전화하기

요즘 연락이 뜸했던 사람에게 안부 통화를 해보세요.

"찬바람 불면 같이 먹던 어묵 생각나더라. 잘 지내지?"

2026

FEB  **월요일**

마주 보고 웃은 순간

최근 누군가와 마주 보며 깔깔 웃은 순간은 언제인가요?

둘 다 피곤해서 하품하다 눈 마주쳤을 때

2026

FEB

10

화요일

자랑 대회

우리 집 반려생물을 자랑해보세요.

FEB  수요일

사소한 배려

잊히지 않는 사소한 배려는 무엇인가요?

내 커피 식을까 봐 뚜껑 덮어준 동료

2026

FEB # 12 **목요일**

이름 불러주기

한 번 이상, 상대의 이름을 불러보세요.

"행복 님, 겨울에도 역시 커피는 아아죠?"

2026

FEB

13

금요일

어려운 관계

약간의 '거리감'이 느껴지는 관계에는 어떤 사연이 숨어 있나요?

#내_말_자르기_장인 #말만_하고_행동은_안_함

2026

FEB **14** 토요일

달콤 한 조각
초콜릿으로 마음 한 조각을 건네보세요.

#이건_단순_카카오가_아닌_내_진심

2026

FEB # 15 일요일

끝날 때까지 끝난 게 아냐

상대의 말을 끊지 말고 '다 듣고 나서' 말해보세요.

FEB

16

월요일

마이크로 효도

내가 할 수 있는 작지만 확실한 효도를 실천해볼까요?

#설거지는_내가_함

2026

FEB

17

화요일
설날

최애 명절 음식

이번 설 밥상에서 최애 메뉴는 무엇인가요?

#갈비찜에_진심 #엄마_손만두_눈물_나요 #탄수화물_파티

2026

FEB

18

수요일

공감 리액션 훈련

상대의 말에 고개를 끄덕이거나 짧은 말로 공감을 표현해보세요.

내 마음에 스며드는 소소한 행복 **행복우수**

FEB

20

거울 속 내 편

거울 속 나를 보면 어떤 감정이 드나요?

"요즘 눈 밑이 좀 어둡지만, 그래도 예뻐."

2026

FEB

21

토요일

낮선 친절 실험

서먹한 사람에게 다정한 한마디를 건네봐요.

엘리베이터에서 먼저 인사하기

FEB

22

일요일

나의 어린 시절 기억

가족과 가장 크게 웃었던 장면은 무엇인가요?

수박씨 누가 더 멀리 뱉나 대회, 내가 이김

FEB

23

월요일

세상에 남기고 싶은 흔적

먼 훗날 누군가 나를 어떻게 기억하길 바라나요?

"너랑 있을 땐, 편했어."

2026

FEB
24
화요일

지구에게 덜 미안하기
오늘은 일회용품 덜 쓰기를 실천해봐요!

#텀블러_들고_나감 #빨대는_괜찮아요

2026

FEB # 25 수요일

나를 위한 거절 연습

원치 않는 부탁에 "NO!"라고 답하세요.

"미안하지만 그건 좀 어려워."

FEB

26

목요일

나와 닮은 사람

요즘 '낯선 누군가'의 행동이
내 행동과 닮았다고 느낀 적이 있나요?

퇴근길 지하철, 눈 감고 꾸벅꾸벅 조는 그 사람

2026

FEB **27** 금요일

울컥하는 한마디
최근 가슴속에 닿은 낯선 이의 말은 무엇인가요?

"천천히 가도 괜찮아요. 목적지만 도착하면 되죠."

2026

FEB

28

토요일

너무 익숙해서 잊었던 말

가족에게 '늘 고마워요'라고 메시지를 보내세요.

#오글오글 #막상_하고_나면_뿌듯

내면 에디터

읽고 쓰며 나를 더 선명하게 발견하기.
매일 수많은 정보를 읽고 무심코 쓰며 살아가다,
문득 이런 생각이 들 때가 있어요.
'이 글, 누가 내 속마음을 편집한 것 같아!'

읽고, 밑줄 긋고, 마음에 닿는 문장을 기억하고,
하루의 감정을 단어로 묘사하며
우리는 나를 조금씩 '편집'해갑니다.
3월에는 읽기, 쓰기, 발견하기라는 세 가지 렌즈로
'지금의 나'를 살펴보는 실험을 하며
해상도 높은 '나'를 만나보세요.

EDIT MY VIBE

3

MARCH

일	월	화	수	목	금	토
1	2	3	4	5	6	7
8	9	10	11	12	13	14
15	16	17	18	19	20	21
22	23	24	25	26	27	28
29	30	31				

MAR

일요일
삼일절

내가 빛나는 순간

당신은 어떤 상황에서 빛나요?

#혼자일_때_몰입_왕

2026

MAR **2** 월요일

MBTI 대신 '내면 질문'

나를 설명하는 단어 세 개를 적어보세요.

고요한 열정가, 조용한 자신감, 침착한 야심가

MAR   **3**   화요일

내게 취약한 질문

유독 민감하게 반응하게 되는 질문이 있나요?

"지금 행복해?"라고 물으면 늘 뜨끔

MAR 4 수요일

모르는 단어 찾아보기

오늘 접한 글이나 미디어에서 모르는 단어의 뜻을 찾아보세요.

해낙낙하다: 마음이 흐뭇하여 만족한 느낌이 있다.

MAR 5 목요일

잠들어 있던 꿈이 깨어나는 행복의 기쁨 **행복경칩**

2026

MAR  **금요일**

하루의 리듬 그리기

오늘 하루를 점, 선, 면 등으로 시각화해보세요.

오전엔 직선, 오후엔 지그재그

MAR **7** 토요일

.

나의 의자 관찰 일지

하루 중 가장 오래 앉아 있는 의자에서 본 풍경을 묘사해보세요.

모니터에 레이저 쏘고 있는 옆자리 동료

MAR

8

일요일

'어릴 적 나'와의 인터뷰

초등학교 시절의 나에게 질문 한 가지를 던져보세요.

"달고나가 왜 그렇게 좋아?"

2026

MAR # 9 **월요일**

가장 짧은 일기 쓰기
오늘을 열 자 이내로 기록해보세요.

꽃샘추위에 콧물 훌쩍

2026

MAR # 10 화요일

마음의 온도 변화
오늘 하루 마음의 온도는 어떻게 변화했나요?

아침엔 차가웠다 점심쯤 따뜻해짐

MAR # 11 수요일

나의 자동 반사 태도

불편한 상황에서 내가 보이는 태도는 무엇인가요?

#바로_미안해 #일단_침묵

MAR **12** 목요일

밑줄 긋기 챌린지

뉴스와 소셜미디어, 책에서 본 문장 중
인상에 남은 것을 적어보세요.

"마음에 형광펜을 칠하다."

MAR # 13 금요일

내가 끌리는 것

당신이 좋아하는 콘텐츠 유형은 무엇인가요?

먹방, 짧은 에세이

2026

MAR **14** 토요일

마음 숨은 그림 찾기

말속에 감춰진 진짜 속마음을 찾아보세요.

'오다 주웠어. 사실은 너를 생각하며 샀어.'

MAR **15** 일요일

다섯 단어로 하루 정리하기

오늘의 감정을 다섯 단어로 기록해보세요.

감사, 당황, 다행, 기쁨, 안도

2026

MAR # 16 **월요일**

한 가지 불만 잠재우기
반복되는 불평 하나를 의식적으로 멈춰보세요.

"버스 왜 안 와"란 말 안 하기 챌린지

2026

MAR **17** 화요일

5분 자유 글쓰기

주제를 정하지 말고 5분간 생각나는 걸 써보세요.

MAR # 18 수요일

나를 설명하는 물건 세 가지
내 정체성과 연결된 물건을 사진으로 찍어보세요.

흰색 캔버스화, 줄줄이 메모장, 커피잔

2026

MAR **19** 목요일

나를 위한 배려 한 가지
오늘 스스로에게 한 배려를 적어보세요.

#커피_사주기 #정퇴_허락함

균형 잡힌 삶과 마음의 평화로운 행복 **행복춘분**

MAR **21** 토요일

언젠가 쓰고 싶은 이야기
꼭 쓰고 싶은 이야기는 무엇인가요?

MAR 22 일요일

글로 남기고 싶은 순간

오늘의 한 장면을 떠올려 글로 남겨보세요.

길을 걷다 발견한 어린 새싹

MAR **23** 월요일

무의식의 단어
나도 모르게 자주 쓰는 단어는 무엇인가요?

"괜찮아?" "진짜?" "귀찮아."

MAR **24** 화요일

태도 체크리스트 점검하기

오늘 하루 어떤 태도를 선택했는지 적어보세요.

#성실_ON #투덜_OFF #매너_ON

MAR 25 수요일

나를 설명하는 해시태그

오늘의 나를 해시태그로 표현해보세요.

#신나는_에너지 #느린_마음 #투머치_생각

MAR **26** **목요일**

나를 용서하기

실수했을 때, 나는 나를 어떤 태도로 대하나요?

나는 왜 그렇게 나에게 엄할까?

MAR 27 금요일

오래된 메모 다시 읽기

휴대전화나 노트 속 오래된 메모를 꺼내 다시 읽어보세요.

"2025년 5킬로그램 감량! 파이팅!"

MAR

28

토요일

자신감 처방

지금 스스로에게 듣고 싶은 말은 무엇인가요?

"잘하고 있어." "이대로도 충분해."

MAR **29** 일요일

이달의 책

온·오프라인 서점에서 제목이 마음에 드는
책 한 권을 구매하세요.

2026

MAR **30** 월요일

행복 선언

아래 문장을 소리 내어 읽어보세요.

"행복은 자신의 삶을 좋아하는 정도다."

MAR **31** 화요일

태도 세 줄 노트

한 달 동안 내 태도를 돌아보며 나에게 세 줄 코멘트를 써보세요.

"태도는 연습이다." "불평은 줄일 수 있다." "나는 계속 배우는 중이다."

바디 웨이크업

건강한 리듬으로 나를 리부팅하기.
가끔은 머리보다 몸이 먼저 말을 걸어요.
"요즘 좀 피곤한 것 같지 않아?" 하루를 버텨내기 위해
제일 먼저 챙겨야 할 건, 바로 '단단한 몸의 리듬'이에요.

하루를 맑게 시작하게 해주는 '잠',
기분도 면역도 챙겨주는 '식사',
지친 몸에 생기를 돋우는 '운동'까지!
잘 자고, 잘 먹고, 잘 움직이는 작은 습관들이 내 일상에
건강한 리듬을 불어넣어줄 거예요. 완벽하지 않아도 괜찮아요.
4월에는 내 몸의 박자를 다시 맞춰가는 연습을 해볼까요?

BODY REBOOT

4

APRIL

일	월	화	수	목	금	토
			1	2	3	4
5	6	7	8	9	10	11
12	13	14	15	16	17	18
19	20	21	22	23	24	25
26	27	28	29	30		

2026

APR 　 **1** 　 수요일

자기 전 스마트폰 금지

잠에 빠질 때까지 30분간 스마트폰을 멀리해보세요.

스마트폰 사용하는 대신 책 읽기

2026

APR 2 **목요일**

채소 먼저 한 입

한 끼 식사에서 채소를 먼저 먹습니다.

샐러드에서 베이컨보다 채소 먼저 꿀꺽

APR

3

금요일

스쾃 20회

너무 욕심 내지 말고 스쾃 20회를 채워볼까요?

팁: 발은 어깨너비로, 무릎은 발끝보다 앞으로 나가지 않게!

APR

4

토요일

내 몸의 신호

요즘 내 몸이 보내는 미세한 신호가 있나요?

최근 들어 부쩍 피곤

마음을 맑게 비우고 새롭게 채우는 행복 **행복청명**

2026

APR  **6** 월요일

5,000보 걷기

오늘만큼은 5,000보를 채워볼까요?

APR

7

화요일

햇볕 쬐기

하루 중 햇볕을 5분 이상 쬐어보세요.

APR

8

수요일

액상과당 탐정단

식품 라벨을 잘 살펴보고,
당류가 5그램 이하인 제품을 선택하세요.

'오늘은 마트에서 음료 고를 때 라벨 먼저 봐야지!'

2026

APR  **9** 목요일

플랭크 30초 도전

오늘의 미션은 30초만 버텨도 성공이에요!

좋아하는 노래 전주까지만 들으며 버티면 성공

APR # 10 금요일

쫀쫀하게 이불 정리

일어나자마자 이불을 정리해서 쾌적한 침실을 만드세요.

APR # 11 **토요일**

좋은 지방 한 스푼

올리브유, 견과류 등 좋은 지방을 먹어볼까요?

공복에 올리브유 꿀꺽

2026

APR **12** 일요일

계단 오르기

엘리베이터의 유혹을 물리치고 세 개 층을 걸어 올라가보세요.

2026

APR # 13 **월요일**

빛 차단하기

수면 전 불빛을 줄이는 루틴을 만들어보세요.

2026

APR **14** 화요일

가공육 없는 날

햄, 소시지 없는 하루를 보내세요.

계란, 콩 등 자연단백질로 대체

2026

APR # 15 수요일

바른 자세 5분
등과 어깨를 펴고 5분 유지하기 도전!

허리 펴고 모니터 정면 보기

APR **16** 목요일

잠옷 입기

숙면을 위해 편안한 잠옷으로 갈아입고 잠자리에 들어요.

2026

APR # 17 금요일

하루 2리터 챌린지

잊지 않고 잘 기억해서 물 2리터를 마십니다.

'텀블러에 물 가득 채워 두 번 마시자!'

APR

18

다리 올리기

고생 많은 다리를 벽에 기대 올리고 3분 쉬어요.

APR

19

일요일

커피 컷

오후 두 시 이후에는 커피를 마시지 않습니다.

행복을 자라게 하는 마음의 양분 **행복곡우**

APR **21** 화요일

아침 기지개

아침에 일어나자마자 기지개를 다섯 번 켜요.

팔다리 쭉쭉 늘려주기

APR # 22 수요일

도둑잠 없애기

오후 세 시 이후 졸음은 세수나 스트레칭으로 대체하세요.

2026

APR **23** 목요일

건강 음식 사진 찍기

몸에 좋은 음식을 먹고, 인증 숏을 남겨봐요.

2026

APR # 24 금요일

한 발 균형 10초

한 발로 10초 서기를 좌우 2회씩 반복하세요.

2026

APR **25** 토요일

5분 룰 실천

졸음이 오면 미루지 말고 즉시 잠자리에 들어요.

넷플릭스가 매우 재밌어도 잠에 양보하기

APR

26

일요일

휴대전화 없이 식사

밥 먹을 때 휴대전화 없이 음식에만 집중하세요.

맛과 식감에 집중

2026

APR ## 27 **월요일**

발뒤꿈치 들기 10회

발뒤꿈치를 들었다 내리기를 10회 반복하세요.

2026

APR **28** 화요일

걱정 노트

잠들기 전, 오늘의 걱정을 노트에 짧게 적어보세요.

APR 29 수요일

정시 세끼 도전

정해진 시간에 삼시 세끼를 먹어보세요.

아침 여덟 시, 점심 열두 시, 저녁 일곱 시

2026

APR # 30 **목요일**

제자리 점프 20회

양발을 모은 상태에서 가볍게 20회 제자리 점프를 해보세요.

심폐 지구력 향상에 최고!

성격 실험실

하루 5분, 성격의 스위치를 바꾸는 시간.
"지금보다 조금 더 외향적이면 좋겠어."
"끈기 있게 뭐든 해내는 사람이 되고 싶어."
많은 사람이 자신의 성격을 바꾸고 싶다고 말해요.
하지만 곧 이렇게 덧붙이죠. "그런데 성격은 타고나는 거잖아."

심리학 연구에 따르면, 성격은 바꿀 수 있어요.
단, 그저 바꾸고 싶다고 생각하는 것만으로는 부족해요.
행동을 반복하고 지속적으로 실천할 때 서서히,
그러나 분명하게 바뀌어요.
5월은 성격을 바꾸는 실험실 같은 한 달이에요.
하루하루의 작은 실천으로 행복에 유리한 성격을 만들어봐요.

PERSONA PLAYROOM

5

MAY

일	월	화	수	목	금	토
					1	2
3	4	5	6	7	8	9
10	11	12	13	14	15	16
17	18	19	20	21	22	23
24	25	26	27	28	29	30
31						

2026

MAY **1** 금요일

외향성▲—계산대 스마일

물건을 살 때 계산해주시는 분에게 인사해보세요.

물건은 내가 계산, 행복은 같이 계산

MAY

2

토요일

외향성▲—추억의 벨소리

오랫동안 연락 안 한 친구에게 전화해보세요.

"잘 지냈지? 목소리 그대로네!"

MAY 3 일요일

외향성▲―커피 한 잔의 용기

동료나 친구에게 커피 한 잔 먹자고 말해보아요.

MAY  **월요일**

외향성▲—오늘의 하이라이트

하루 중 재미있거나 인상 깊은 일 하나를 기록합니다.

"버스에서 아이의 웃음소리를 듣고 같이 행복해졌다."

뜨거운 열정으로 피어나는 행복 **행복입하**

2026

MAY  **6** 수요일

외향성▲—고민 나누기

친한 친구에게 솔직하게 고민을 털어놓아요.

"나 요즘 번아웃 각… 너는 어떻게 풀어?"

MAY **7** 목요일

우호성▲—고마움의 기술
오늘 하루 "고마워요"를 다섯 번 이상 말해볼까요?

2026

MAY **8** 금요일

우호성▲—도어맨 챌린지

뒤따라오는 사람을 위해 문을 잡아주세요.

MAY

9

토요일

우호성▲—Good Things!

오늘 누군가 나에게 해준 좋은 일을 기록해보세요.

MAY

10

일요일

우호성▲—선물의 힘

가족 혹은 지인에게 작은 선물을 건네봐요.

귀여운 키링 하나

2026

MAY **11** 월요일

우호성▲—기부의 날
자선단체에 소액이라도 기부해볼까요?

#고양이_치료_지원 #청소년_의류_지원

MAY **12** 화요일

성실성▲—10분 먼저

약속 시간보다 10분 먼저 도착해요.

MAY **13** 수요일

성실성▲—홈 화면 리셋

휴대전화 애플리케이션 아이콘을 정리해요.

#디지털_미니멀리스트 #쇼핑_앱_안녕

MAY 14 목요일

성실성▲—I Believe

나를 믿어주는 사람의 목록을 적어보세요.

엄빠, 내 동생, 십년지기 친구

2026

MAY **15** 금요일

성실성▲─옷장 미리보기
내일 입을 옷을 미리 준비해요.

MAY

16

토요일

성실성▲—미룸 분석

무언가를 자꾸 미루는 이유를 글로 적어볼까요?

MAY **17** 일요일

성실성▲―즉시 실행

먹자마자 바로 설거지해요.

MAY

18

월요일

성실성▲—책상 리셋

어지러운 책상 위를 정리정돈해요.

최고의 정리는 버리기

2026

MAY # 19 화요일

정서적 안정성▲―하루 긍정 로그

자기 전, 오늘 있었던 긍정적인 일을 기록해요.

·

MAY **20** 수요일

정서적 안정성▲—감사 모닝

아침에 일어나서 감사한 것을 떠올려봐요.

작지만 충분한 만족감의 행복 **행복소만**

2026

MAY **22** 금요일

정서적 안정성▲―걱정 박스

걱정되는 일을 글로 적어보아요.

MAY **23** 토요일

정서적 안정성▲—기분 전환 운동

마음 건강을 위해 15분 이상 운동합니다.

MAY

24

일요일
부처님 오신 날

정서적 안정성▲—행복 스냅
산책하며 행복감을 주는 사진을 찍어요.

초록초록 어린 잎

MAY **25** 월요일

정서적 안정성▲—슬로 테이스트

아름다운 것을 보며 5분간 천천히 음미하세요.

김이 올라오는 커피, 노을의 색감

MAY

26

화요일

개방성▲—과학 한 조각

최신 과학이나 기술과 관련된 뉴스를 읽어보세요.

MAY **27** 수요일

개방성▲—새로운 영화

한동안 본 적 없는 장르의 영화를 볼까요?

2026

MAY **28** 목요일

개방성▲─신메뉴 도전
식당에서 안 먹어본 메뉴를 주문해요.

"인생메뉴는 늘 모험 속에 있다."

MAY 29 금요일

개방성▲—동네의 재발견

가본 적 없는 공원이나 거리를 걸어보아요.

"집 앞에 이런 뷰 카페가 있었음?"

MAY 30 토요일

개방성▲—하루 아름다움 회상

자기 전, 오늘 본 아름다운 장면을 떠올려봐요.

MAY 31 일요일

개방성▲─상상 타임머신

과거 혹은 미래로 간다면 무엇을 하고 싶나요?

지갑 리셋

돈과 소비를 다시 바라보는 행복 리셋 버튼.
매일 지갑을 열고 하는 소비가 나를 진짜 행복하게 하나요?
행복은 많이 소유할 때가 아니라,
경험에 투자할 때 더 크게 다가와요.
관계를 돈독히 하는 소비, 시간을 벌어주는 소비,
소소한 즐거움을 발견하는 소비, 우리 삶을 이야기로
채워주는 소비는 마음을 훨씬 풍요롭게 만들어요.

6월에는 '비교 대신 경험' '자랑 대신 대화'
'소유 대신 추억'을 담는 소비를 연습해보세요.
지갑을 리셋하면, 삶의 만족도도 리셋됩니다.

WALLET DETOX

6

JUNE

일	월	화	수	목	금	토
	1	2	3	4	5	6
7	8	9	10	11	12	13
14	15	16	17	18	19	20
21	22	23	24	25	26	27
28	29	30				

2026

JUN # 1 **월요일**

경험 카트

'소유'가 아닌 '경험'을 한 개만 쇼핑해보세요.

영화표 예매, 즉흥 카페 투어

JUN 2 화요일

소비 프레임

최근 '물건을 산 것' 중 하나를 골라,
'경험을 산 것'으로 다시 설명해보세요.

찻잔 세트 → 향을 음미하는 경험

2026

JUN

3

수요일

점심 한턱

동료나 친구에게 작게라도 한턱낼까요?

2026

JUN **4** 목요일

가격 태그

나의 소중한 오늘 하루를 돈으로 환산한다면 얼마일까요?

2026

JUN 5 금요일

5,000원의 모험

단돈 5,000원으로 오늘을 특별하게 만드는 소비를 해볼까요?

JUN

6

토요일

현충일

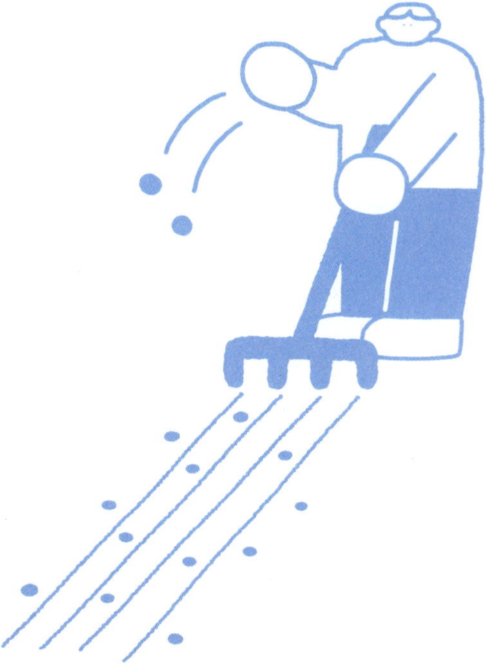

행복을 위한 씨앗을 뿌리는 때 **행복망종**

JUN

7

일요일

가족 타임

작은 선물이나 음식을 사서 가족들과 함께 시간을 보내봐요.

#부모님께_치킨_쏘기 #가족_영화_간식_세트

JUN

8

월요일

비교 차단

오늘만큼은 가격을 비교하지 말고 마음에 드는 것을 사봐요!

JUN

9

화요일

소비성향 자가 진단

물건 소비 vs 경험 소비
나는 어느 쪽에 더 치우쳐 있나요?

"나는 경험파. 여행에 돈을 더 쓰니까!"

JUN **10** 수요일

대화거리

소비로 새로운 이야깃거리를 만들어보세요.

JUN # 11 **목요일**

나의 비서

소비로 시간을 벌 수 있다면, 무엇을 맡기고 싶나요?

청소는 로봇청소기, 설거지는 식기세척기

2026

JUN # 12 금요일

소확행 지름

단돈 3,000원으로 나만의 소확행을 실험해봐요.

JUN **13** 토요일

소비 후회

최근 가장 후회되는 소비와 그 이유는 무엇일까요?

"안 입는 옷… 순간의 물욕이었다."

JUN

14

일요일

산책 소비

돈을 쓰지 않고 즐거운 경험을 만들어봐요.

JUN # 15 월요일

관계 투자

1만 원 이내를 누군가의 행복을 위해 투자해봐요.

JUN # 16

시간 vs 돈

돈보다 시간을 택했던 순간은 언제인가요?

2026

JUN **17** 수요일

즉흥 데이트
친구 혹은 동료와 즉흥적으로 '경험 소비'를 해봐요.

저녁 드라이브, 전시회 관람

2026

JUN **18** 목요일

경험 이력서

올해 반년의 'Top 3 소비 경험'을 꼽아본다면?

1. 콘서트 2. 강릉 여행 3. 맛집 투어

JUN **19** 금요일

나만의 리추얼

매주 반복하고 싶은 소소한 소비 루틴을 만들어요.

JUN

20

토요일

행복 단가

지금까지 한 것 중 가장 가성비 좋은 행복 소비는 무엇이었나요?

JUN **21** 일요일

가장 환하고 빛나는 순간의 행복 **행복하지**

2026

JUN **22** 월요일

여행 프리뷰

언젠가 하고 싶은 여행 계획을 구체적으로 적어보세요.

발리에서 서핑하기, 우유니 소금 사막 보기

JUN

23

화요일

소비 우선순위

내가 꼭 돈을 쓰고 싶은 세 가지 분야를 적어보세요.

여행, 건강, 사람들과의 좋은 시간

JUN # 24 수요일

명상 소비

카페나 공원 등에서 '조용한 시간'을 돈으로 사볼까요?

#혼자_카페_가기 #커피_향은_덤

JUN **25** 목요일

무소유 의지

사고 싶었지만 꼭 참은 물건이 있나요?

"새 러닝화… 생각해보니 지금 가진 것도 괜찮아."

2026

JUN **26** 금요일

깜짝 선물

누군가를 깜짝 웃게 할 작은 선물을 준비해봐요.

JUN # 27

소비 명언

돈에 대한 나만의 정의를 한 줄로 적어본다면?

"돈이란 기억을 만드는 도구다."

JUN 28 일요일

취향 기록

오늘의 소비를 사진으로 기록해 '취향 앨범'에 저장해요.

#스타벅스_신메뉴 #구매_숏은_돈_안_들어

2026

JUN **29** 월요일

지갑 다이어트

하루 동안 불필요한 소비를 한 개 줄여봐요.

#배달_말고_집밥 #택시_대신_버스

2026

JUN **30** 화요일

소비 자서전

이번 달의 소비를 돌아보며 나다운 소비 습관을 정리해보세요.

"나는 사람과 함께하는 경험에 가장 행복하게 돈을 쓴다."

인생
플레이리스트

삶에 설렘과 재미를 더하는 나만의 사운드트랙.
여름의 시작! 인생을 더 신나게 리믹스할 7월이에요.
일상에 작은 챌린지를 더해보세요.
여름밤에 흘러나오는 노래처럼,
당신의 하루도 색다른 리듬으로 반짝일 수 있어요.
나만의 사운드트랙을 한 곡 한 곡 채워가는 31일의 여정을
시작합니다. 새로운 시도, 가벼운 웃음, 소박한 시원함까지
모두 내 인생의 플레이리스트가 될 수 있어요.

때로는 즉흥적인 도전이, 때로는 사소한 루틴이
인생의 숨은 명곡처럼 빛나지요. 그 작은 순간들을 모아
"와, 이거 진짜 재미있다!" 싶은 인생의 하이라이트를 만들어가요.

MY LIFE MIXTAPE

7

JULY

일	월	화	수	목	금	토
			1	2	3	4
5	6	7	8	9	10	11
12	13	14	15	16	17	18
19	20	21	22	23	24	25
26	27	28	29	30	31	

2026

JUL **1** 수요일

플레이 버튼 누르기

하루 동안 평소와 다른 '작은 첫 시도'를 해볼까요?

왼손으로 양치질하기, 카페에서 새로운 메뉴 도전하기

JUL

2

목요일

나만의 리듬

요즘 나를 살짝 들뜨게 만드는 사소한 루틴은 무엇인가요?

아침 햇볕 5분 쬐기, 퇴근길 편의점에 들러 신상 확인하기

JUL

3

금요일

웃음 챌린지

친구 혹은 지인에게 웃음 짤이나 밈을 공유해요.

2026

JUL

4

토요일

여름 한 입

여름이 오면 꼭 생각나는 음식은 무엇인가요?

#여름엔_콩국수 #나는_수박파

JUL

5

일요일

쿨 하이라이트

'시원하다'라고 느낄 수 있는 행동을 하나 해볼까요?

찬물 샤워, 시원한 빙수 한 입

2026

JUL  **6** **월요일**

작은 리믹스

오늘은 평소 안 앉았던 자리에 앉아볼까요?

더위를 식히는 작은 휴식과 여유가 주는 행복 **행복소서**

2026

JUL **8** 수요일

랜덤 스냅 숏

오늘 가장 처음 내 눈에 들어온 풍경을 사진으로 찍어봐요.

JUL

목요일

나의 브리지(bridge) 구간

마음이 힘들 때 나를 다시 연결해주는 것은 무엇인가요?

친한 친구와의 단톡방, 좋아하는 드라마 보며 맥주 한 잔

2026

JUL **10** 금요일

의도적으로 한가하기

아무 일정 없이 멍하게 보내는 시간을 정해 지키도록 해요.

오후 여섯 시~일곱 시: 계획 없음

JUL  **11** 토요일

즐거움의 볼륨
내가 웃을 때 가장 크게 터지는 포인트는 무엇인가요?

허를 찌르는 조카의 한마디, 친구의 말실수

JUL

12

일요일

여름 한 스푼

시원한 음료나 아이스크림의 '새로운 맛'에 도전해봐요.

말차 + 망고 조합, 뜻밖의 맛!

2026

JUL **13** 월요일

거꾸로 챌린지

오늘만큼은 평소 루틴의 순서를 뒤집어봐요.

샤워를 먼저 하고 양치는 나중에 하기, 10분 산책 후 점심식사 하기

JUL 14 화요일

즉흥 미션 친구에게 받기

지인에게 행복 미션 하나를 받아 실행해보세요.

"걷다가 꽃 사진 찍어줘."

2026

15

수요일

인생의 하이라이트

살면서 짧지만 가장 강렬했던 순간이 있나요?

#첫_합격_문자 #패러글라이딩_나는_순간

JUL

16

목요일

나만의 앵콜

아무리 반복해도 질리지 않는 게 있나요?

2026

JUL **17** 금요일
제헌절

감각 리셋

눈이 아닌 귀와 코, 손으로 즐기는 순간을 만들어봐요.

눈 감고 커피 향 음미, 손끝으로 바람 느끼기

JUL

18

토요일

웃음 피처링

내 삶에 항상 재미를 불어넣는 사람은 누구인가요?

회사 동기, 나만 보는 반려동물

JUL

19

일요일

어린 나를 위한 행동

어릴 때 하고 싶었던 행동을 하나 해봐요.

엄마가 매일 한 개씩 주던 텐텐 다섯 개 먹기

JUL

20

월요일

즉흥 챌린지

즉석에서 떠오른 일 하나를 실행해봐요.

2026

JUL **21** 화요일

인생 리믹스

요즘 내 삶에 새롭게 넣고 싶은 것이 있나요?

스킨스쿠버, 영어 회화, 글쓰기

2026

JUL **22** 수요일

리플레이 데이

오늘은 과거에 행복했던 일을 다시 한번 해봅니다.

고등학교 때 좋아했던 노래 듣기, 오랜만에 《슬램덩크》 읽기

타오르는 정열과 몰입의 행복 **행복대서**

JUL **24** 금요일

칭찬 릴레이

누군가에게 칭찬 한마디를 건네보세요.

"그 옷 너무 찰떡인데?" "네가 있어 늘 든든해."

JUL **25** 토요일

더위 극복법
나만의 무더위 해소 꿀팁이 있나요?

"나는 '안덥다안덥다안덥다안덥다' 하다 보면 안 더워."

JUL

26

일요일

일일 디제이

오늘 하루는 내가 분위기를 주도해봐요!

2026

JUL **27** 월요일

리듬 체인지

평소 다니던 길 말고 다른 길로 이동해봐요.

집 앞 공원 경유 → 큰길 말고 골목길 탐험

JUL

28

나의 테마곡

요즘 내 하루를 잘 설명하는 단어는 무엇일까요?

잔잔하다, 정신없다, 아름답다

2026

JUL **29** 수요일

사진 리믹스

오늘 하루를 한 장의 사진으로 남기다면 무엇일까요?

#노을빛_하늘 #맴맴매미 #아이스_말차_라테

JUL **30** **목요일**

인생의 플레이리스트

앞으로 내 삶에 더 담고 싶은 재미가 있나요?

방송댄스 배우기, 여행 다니기

JUL

31

금요일

피날레 무대

하루를 마치며 나만의 작은 '마무리 의식'을 해봐요.

일기 한 줄 쓰기, 고마웠던 일 떠올리기

쉼포지엄

내 삶이 더 오래 빛나도록 잘 쉬는 연습.
뜨거운 햇살 아래 마음도 지치기 쉬운 계절,
잘 쉬는 연습에 집중합니다.
쉼은 달리기 위해 필요한 충전의 시간이에요.
짧은 낮잠, 여름밤 별 보기, 알림을 잠시 꺼두는 선택까지!
사소한 쉼이 모이면 삶은 더 가볍고 풍성해집니다.
진짜 회복은 멀리 떠나는 휴가가 아니라
일상 속 짧은 숨 고르기에서 시작되니까요.

당신만의 쉬는 방법을 발견하는 축제를 열어요.
혼자만의 15분, 걱정 타임박스 등 작지만 신선한 쉼의 기술이
8월을 특별하게 채워줄 거예요.

LAZY LUXURY

AUGUST

일	월	화	수	목	금	토
						1
2	3	4	5	6	7	8
9	10	11	12	13	14	15
16	17	18	19	20	21	22
23	24	25	26	27	28	29
30	31					

2026

AUG 1 **토요일**

상상 휴식
지금 당장 떠나고 싶은 휴식 장소는 어디인가요?

에어컨 빵빵 카페, 몽골 초원에서 말타기

2026

AUG

2

일요일

스트레스 트리거 찾기

평소 나를 가장 지치게 만드는 순간 세 가지를 적어보세요.

출근길 헬게이트, 단톡방 안 읽은 메시지 100개, 음식점 앞 긴 줄

2026

AUG

3

월요일

퇴근 후 카페 드롭

집 가기 전 카페에서 20분간 멍 때려요.

AUG

4

화요일

예측 가능한 내일

내일 일과 중 꼭 해야 하는 일 세 개를 미리 정해둬요.

회의 자료 준비, 미팅 약속 메일 보내기, 프로젝트 일정 계획

2026

AUG

5

수요일

'알림' 다이어트

불필요한 알림이나 뉴스 푸시 중 하나를 골라 꺼봐요.

#유튜브_푸시_꺼놓으니_편안

AUG  **목요일**

나의 에너지 배터리

나는 어떤 활동을 할 때 가장 빨리 충전될까요?

친구와의 수다, 드라마 정주행하기, 3킬로미터 달리기

AUG

7

금요일

성장을 확인하는 행복의 결실 **행복입추**

2026

AUG # 8 **토요일**

휴가 성향

집콕파? 여행파? 나의 휴가 취향은 무엇인가요?

#노플랜_집콕 #여행_준비_이미_힐링

AUG  **일요일**

손으로 푸는 스트레스

낙서, 종이접기, 드로잉북 중 하나를 골라
10분간 손을 움직여봐요.

"색칠하다 보니 기분 전환 되네!"

2026

AUG **10** 월요일

긴장 풀기 루틴

온몸을 5초 동안 긴장시킨 후 10초 동안 이완해봐요.

"어깨의 긴장이 풀리니 두통이 줄었네?!"

2026

AUG **11** 화요일

휴식 사운드

나를 가장 편하게 만드는 소리는 무엇인가요?

파도 소리, 빗소리, 매미 소리

AUG **12** 수요일

미니 힐링존 만들기

내 자리에서 쉴 수 있는 작은 공간을 꾸며요.

#바다_사진 #웃음_유발_내_동생_엽기_사진 #헤드폰_필수

AUG

13

목요일

나의 휴식 멘토

내게 잘 쉬는 법을 가르쳐준 사람은 누구인가요?

'회사 선배가 퇴근하면 알림 끄라고 조언해줬지.'

AUG

14

금요일

아이스 디저트 DIY

간단한 아이스 디저트를 만들어 즐겨보세요.

투게더 + 복숭아, 맥주 + 콤부차 꿀 조합!

AUG

15

토요일
광복절

해방 일지

지금 당장 내려놓고 싶은 부담 한 가지만 생각해봐요.

'월요일 출근만 내려놓아도….'

AUG **16** 일요일

노플랜 데이

오늘은 일정 없이 흘러가는 대로 시간을 보내요.

2026

AUG # 17 **월요일**

올빼미 모드 OFF

평소보다 한 시간 일찍 잠자리에 들어요.

2026

AUG # 18 화요일

여름 피난처

내가 여름마다 숨어드는 시원한 공간은 어디인가요?

동네 도서관 아니면 마트 냉동 코너

AUG 19 수요일

미니 휴식 캡슐

업무 중 3분 동안 자리에서 눈 감고 호흡해요.

AUG 20 **목요일**

번아웃 신호

내가 지칠 때 첫 번째로 나타나는 신호는 무엇인가요?

#폭식_모드 #예민이_변신 #한숨_백_번

AUG

21

생각 덤프 한 페이지

머릿속 잡생각을 한 페이지에 쏟아내고 접어두어요.

2026

AUG **22** 토요일

인생 휴양지
오래 기억에 남는 휴양지는 어디인가요?

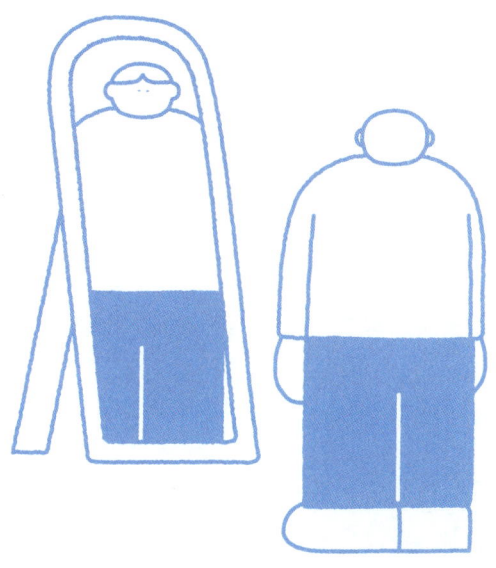

지나간 열정을 돌아보는 성찰의 행복 **행복처서**

AUG

24

월요일

고마운 다이렉트 메시지 한 줄

오늘 나를 도와준 사람에게 짧은 감사 메시지를 보내요.

#감사로_내_마음_충전 #상대방도_충전 #일석이조

2026

AUG

25

화요일

휴식 BGM
내가 쉴 때 꼭 듣는 음악은 무엇인가요?

AUG # 26 수요일

불 끄고 쉬기

취침 90분 전, 조명을 절반만 켜서 조도를 낮춰볼까요?

AUG 27 목요일

이상적인 휴식 루틴

나의 드림 휴식 루틴은 어떤 모습일까요?

아침 요가, 퇴근 후 치맥에 넷플릭스

2026

AUG

28

금요일

쇼츠와 웹툰 10분

가볍게 볼 수 있는 쇼츠 혹은 웹툰을 10분 동안 즐겨요.

AUG

29

토요일

휴식 선언

아래 문장을 소리 내어 읽어보세요.

"하루의 가장 중요한 순간은 깊은 숨 두 번 사이에,
혹은 단 5분간의 침묵 속에 있다."

AUG **30** 일요일

나만의 휴식 키트
나의 '회복템' 다섯 개를 한곳에 모아봐요.

홍차 티백, 달콤한 초콜릿, 강아지 사진, 동료의 쪽지, 캐릭터 키링

AUG # 31 월요일

쉼 결산

이번 달 내가 가장 잘 쉰 순간을 골라 기록해요.

"노플랜 데이가 최고였다!"

마음 캐시백

쌓인 마음을 돌려주는 리워드 타임.
선선한 바람처럼 마음에도 결산의 바람이 불어옵니다.
그동안 내가 받은 친절과 따뜻한 말,
작은 배려들을 다시 돌려줄 차례예요.
내가 받은 선한 영향력을 세상에 흘려보내요.
짧은 문자 한 줄, 소소한 나눔,
길을 묻는 이에게 건네는 미소까지.

마음을 돌려주는 일은 결국 나를 위한 보상이기도 해요.
내가 누군가를 위로하는 순간, 동시에 나도 힘을 얻고,
작은 친절은 새로운 친절로 되돌아옵니다.
9월에는 주고받는 마음의 순환을 체험해봐요.

HEART CASHBACK

9

SEPTEMBER

일	월	화	수	목	금	토
		1	2	3	4	5
6	7	8	9	10	11	12
13	14	15	16	17	18	19
20	21	22	23	24	25	26
27	28	29	30			

2026

SEP 1 화요일

선한 리턴

오늘 내가 돌려받은 선한 영향 세 가지를 적어보세요.

카페 직원의 밝은 미소, 빠른 메일 답장, 지하철 자리 양보

SEP

2

수요일

마음 캐시백 챌린지

최근 받은 친절을 똑같이 돌려주세요.

커피 한 잔 쏘기, 엘리베이터 문 잡아주기

2026

덕분에 일기

오늘 내 마음을 미소 짓게 한 사람은 누구였나요?

·

"밥 먹었니?"라는 엄마의 메시지

SEP 4 금요일

돌려주는 마음

최근 받은 도움을 다른 방식으로 되돌려주세요.

친구 밥값 계산, 동료에게 자료 공유

2026

은근한 고마움

당연하다고 여겼지만 생각할수록 고마운 것이 있나요?

2026

SEP  **6** 일요일

가을 산책 발견

산책하며 눈에 들어온 새로운 것 세 가지를 기록해요.

노랗게 물든 은행나무, 새로 문 연 카페, 버석거리는 낙엽

순수하고 깨끗한 행복의 온도 **행복백로**

SEP

8

화요일

감사의 역주행

1년 전 이맘때로 돌아간다면 누구에게 감사를 전하고 싶나요?

첫 직장 상사, 러닝 메이트

2026

SEP  **9** 수요일

웃음 송금

웃음을 유발하는 짤 하나를 친구에게 공유해요.

#춤추는_고양이 #아기의_미소

2026

SEP **10** **목요일**

마음 포인트

내가 다른 사람에게 줄 수 있는 '기쁨 포인트'는 무엇인가요?

#부모님_안부톡 #조카_선물

2026

SEP **11** 금요일

기억 속 선물

지금까지 받은 선물 중 가장 오래 마음에 남는 것은 무엇인가요?

엄마의 손뜨개 목도리, 친구의 손 편지

SEP

12

토요일

긍정 피드백

오늘 만난 사람 중 한 명에게 긍정적인 피드백을 전해요.

"네 덕분에 분위기가 좋아졌어!"

SEP

13

일요일

3초 영상

오늘 감사한 순간을 3초 길이의 영상으로 담아보세요.

커피 내리는 장면, 애교 넘치는 강아지

2026

SEP # 14 월요일

무상 친절

모르는 사람에게 친절을 한 번이라도 베풀어요.

문 잡아주기, 버스 자리 양보하기

SEP **15** 화요일

나눔 10분

나의 시간 중 10분을 누군가를 돕는 데 써보세요.

휴지통 비우기, 공용 커피머신 캡슐 정리

2026

SEP **16** 수요일

계절 인사

고마운 사람에게 안부를 전하는 말에 가을을 담아봐요.

"바람이 시원해요. 단풍 보러 가셨나요?"

SEP

17

목요일

오늘의 기여

세상에 아주 작은 선한 흔적을 남겨보세요.

SEP

18

금요일

함께 점심

누군가에게 점심을 제안해보세요.

"오늘 점심은 내가 쏜다!"

SEP

19

토요일

숨은 봉사자

세상에 드러나지 않는 봉사자의 노고를 생각해봐요.
특히 누구에게 고마운가요?

"설렘을 선물해주는 택배 기사님, 감사합니다."

SEP 20 일요일

My Condolence

최근 상실을 겪은 친구에게 애도를 표하는 메시지를 보내요.

충고하거나 타인의 상실을 자신의 경험과 비교하지 않는 게 중요

2026

SEP **21** 월요일

나눔 달성률

'시간, 재능, 물건, 마음' 중 오늘 나눈 것을 체크해보세요.

시간 ☑. 재능 ☐. 물건 ☐. 마음 ☑

2026

SEP　　# 22　　화요일

낮과 밤처럼

일과 쉼을 반씩 나눠보세요.

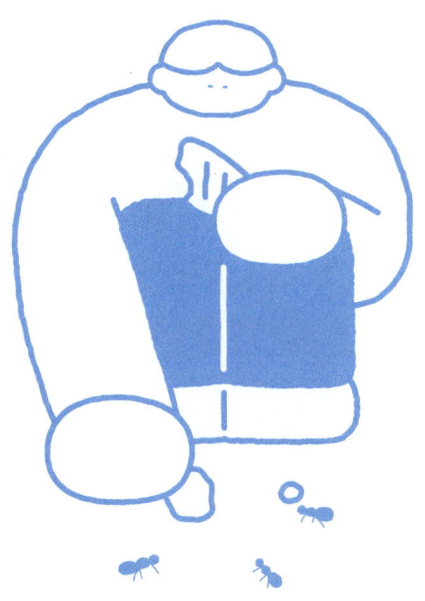

나누고 채우는 행복의 균형 **행복추분**

2026

SEP 24 목요일

리플레이 푸드

가장 맛있었던 한 끼를 재현해보세요.

#베트남에서_먹은_쌀국수 #산_정상_컵라면

2026

SEP # 25 **금요일**
추석

기억 사진
갤러리에서 행복했을 때 찍은 사진 한 장을 골라 감상해봐요.

SEP

26

토요일

감사 선언

아래 문장을 소리 내어 읽어보세요.

"감사를 느끼면서도 표현하지 않는 것은,
선물을 포장해놓고 건네지 않는 것과 같다."

SEP # 27 일요일

가족 리워드

가족에게 직접 감사를 표현해요.

"엄마, 오늘도 고생 많았어요."

2026

감사 랜덤 뽑기

집에서 제일 먼저 눈에 들어온 물건을 집고,
그 물건에 대한 감사를 적어봐요.

충전기는 매일의 에너지원, 이어폰 덕분에 출퇴근 지루함 해결

2026

나눔의 기억

최근 가장 뿌듯했던 나눔의 순간은 언제였나요?

#헌혈_후_뿌듯 #길냥이_밥_주기

2026

SEP **30** 수요일

나에게 캐시백

한 달 동안 행복을 실천한 나에게 보상을 선물해요.

#셀프_리워드 #달달구리로_당_충전

느림의 미학

천천히 걸어야 비로소 보이는 것들.
나뭇잎이 천천히 물드는 계절,
빠르게 지나치던 일상도 걸음을 늦추면
전혀 다른 모습으로 다가오죠.
작은 숨결, 빛의 변화, 누군가의 표정 같은 것들이
여유 속에서 비로소 선명해집니다.

의도적으로 멈추고, 곁의 아름다움을 발견하고,
마음의 여백을 회복하는 시간을 만들어보세요.
느린 하루는 결코 뒤처지는 시간이 아니라,
삶을 더 풍요롭고 단단하게 채우는 선택입니다.
10월의 느림 속에서 당신의 하루가 더 반짝이기를 바랍니다.

SLOW IS THE NEW FAST

10

OCTOBER

일	월	화	수	목	금	토
				1	2	3
4	5	6	7	8	9	10
11	12	13	14	15	16	17
18	19	20	21	22	23	24
25	26	27	28	29	30	31

2026

OCT

1

목요일

확신의 거미줄 끊기

'이건 확실해!'라고 외치고 싶은 순간,
'내가 틀릴 수도 있지'라고 말해보세요.

2026

OCT

2

금요일

3분 뒤 답장

중요한 메시지를 바로 보내지 말고,
3분 뒤 다시 써서 보내보세요.

'감정이 빠지니 톤 다운이 되고, 말을 줄이니 의도가 더 뚜렷해지네!'

OCT

3

토요일

개천절

느린 방식의 힘

천천히 해서 '오히려' 잘 풀렸던 경험은 무엇인가요?

'천천히 먹으니 금방 배불러, 오히려 좋음!'

2026

OCT 4 일요일

사물 관찰 일지

책상 위 물건 하나를 3분 동안 관찰하고
'형태, 질감, 추억'을 기록하세요.

볼펜 = 길쭉하고 매끄러운 졸업 논문 동지

필터 커피 = 네모낳고 꺼끌한 새벽 야근 동지

2026

OCT

5

월요일

한 숟갈 의식

오늘의 첫 음식을 5초 동안 머금으며
맛의 순서를 음미해요.

루꼴라샐러드는 쌉쓸 → 고소 → 상큼

2026

OCT  화요일

여백의 가치

캘린더의 빈칸 하나가 내게 주는 의미는 무엇인가요?

OCT 7 수요일

2초의 여유

대화할 때, 상대의 말이 끝난 후 2초 쉬고 대답해요.

2026

OCT

금요일
한글날

단어 필사

오늘 하루를 버티게 해줄 단어 하나를 손 글씨로 적어보세요.

2026

OCT **10** 토요일

가을빛 필터

오늘 본 풍경 중 가장 가을다웠던 순간은 언제인가요?

#은행잎_옐로_모드 #가을빛_물든_커피_한_잔

OCT **11** 일요일

한 줄 시인

오늘 본 장면을 한 줄 시로 표현해보세요.
마치 시인처럼요!

"햇살이 내 책 위에서 눕는다."

2026

OCT

12

월요일

단어 음미

가장 마음에 드는 단어 하나를 골라 곱씹어보세요.

#다감하다 #해낙낙하다 #감실감실

2026

OCT **13** 화요일

느린 관찰자

일상을 보내며 평소 의식하지 않던 것을 1분 동안 바라봐요.

창밖 가로등, 사무실 초록 화분

2026

OCT # 14 수요일

손 씻기 명상

1분 동안 천천히 손을 씻으며
거품과 온도, 향을 음미해보세요.

OCT

15

목요일

슬로 워킹

3분 동안 평소의 절반 속도로 걸어보세요.

0.5배속으로 걸었더니, 못 보던 풍경 발견

OCT

16

노플랜 챌린지

한 시간만 일정 없이 흘려보내봐요.

#멍_때리다_신박_아이디어 #소파와_한_몸_되기_성공

2026

OCT **17** 토요일

느긋한 30분

오늘 하루 중 가장 여유로웠던 30분은 언제였나요?

버스 기다리는 시간, 점심 먹고 커피 타임

OCT

18

일요일

촉감 산책

산책을 하며 손끝에 닿는 감각에 집중해보세요.

2026

OCT

19

월요일

셀프 칭찬 타임

오늘만큼은 스스로에게 "잘했어"라고 말해보세요.

"이 정도면 충분히 잘했지!"

OCT

20

화요일

나만의 성지

마음을 가장 편하게 내려놓을 수 있는 장소는 어디인가요?

편의점 의자, 카페 구석 자리

2026

OCT **21** 수요일

소확행 리플레이

오늘 기분 좋았던 순간 한 가지를 머릿속으로 세 번 재생해요.

따뜻한 라테 첫 모금을 마신 순간, 길냥이와 눈인사 했을 때

OCT

22

목요일

잊힌 취향

오랫동안 잊고 있던 나만의 취향은 무엇인가요?

뜨개질, 폴라로이드 사진 찍기

OCT **23** 금요일

어려움을 이겨내고 강해지는 행복 **행복상강**

2026

우아한 하루

소박하지만 우아한 장면이라고 느낀 순간을
한 문장으로 표현해보세요.

낡았지만 빛나는 가죽 신발의 윤기, 바람에 살짝 흔들리는 커튼의 결

OCT # 25 일요일

나만의 안식일

오늘은 나만의 안식일이에요.
오로지 나를 위해 하루를 보내봐요.

OCT **26** 월요일

칭찬 에코

오늘 받은 칭찬 한 가지를 다시 떠올리며
"나는 이런 사람이야"라고 속삭여요.

2026

OCT **27** 화요일

바람의 언어

오늘 느낀 가을 바람을 한 문장으로 표현해요.

"코끝을 스치고 간 민트 사탕 같은 상쾌함."

28

OCT

수요일

기쁨 캡슐 만들기

하루 중 즐거웠던 순간을 다섯 단어로 요약해봐요.

OCT ## 29 **목요일**

행복의 재구성

최근 경험한 행복을 다른 시각에서 다시 설명해봐요.

치킨 배달 → 살찌는 게 아니라 친구와의 수다 타임

2026

OCT **30** 금요일

겸손의 독서

조용히 앉아 10분 동안 오롯이 독서하며
"지금 이 순간이 감사하다"라고 마음속으로 되뇌어요.

2026

OCT **31** **토요일**

한 달의 쉼표

10월을 보낸 나에게 주고 싶은 '쉼의 한마디'는 무엇인가요?

"천천히 가도 괜찮아."

골든 메모리

시간이 지나도 빛나는 금빛 순간들.
가을이 깊어지고 겨울의 문턱이 다가와요.
거리를 스치는 바람과 낙엽은 자연스럽게 우리를
'과거의 장면'으로 데려가곤 합니다.
오랜 기억 속 순간들이 문득 떠오를 때,
우리는 그 안에서 지금의 나를 만든 흔적을 발견해요.
'골든 메모리'는 단순히 옛일을 회상하는 것이 아니라
과거와 현재, 미래를 잇는 연속성을 찾아내는 과정이에요.

우리의 모든 기억은
지금의 나를 단단하게 지탱하는 자원입니다.
과거는 사라진 것이 아니라 오늘을 밝히는 또 하나의 등불이에요.
11월에는 기억 속 빛을 발견하며
스스로에게 작은 위로와 용기를 선물해보세요.

GOLDEN FLASHBACKS

11

NOVEMBER

일	월	화	수	목	금	토
1	2	3	4	5	6	7
8	9	10	11	12	13	14
15	16	17	18	19	20	21
22	23	24	25	26	27	28
29	30					

2026

NOV 1 일요일

행복 여행 지도

과거에 행복했던 장소를 하나 떠올리고
그때 그곳에서의 장면을 세 문장으로 써보세요.

교문 앞에 있던 분식집, 도란도란 수다를 떨며, 창밖을 바라봤다.

2026

NOV **2** 월요일

그리움 일기

잊지 못할 그리운 순간을 일기로 써보세요.

밤새 웃었던 대학교 엠티의 추억

2026

NOV **3** 화요일

첫 무대

내 인생 첫 발표나 무대 경험은 무엇인가요?

초등학생 시절, 가족 소개 시간

2026

NOV

4

수요일

기억 트리거

그 시절을 떠올리게 하는 노래, 영화, 물건 중 하나를 소환해
친구나 가족과 공유해보세요.

NOV **5** 목요일

아쉬운 선택

'그때 왜 그렇게 했을까?'
자꾸만 미련이 남는 선택이 있나요?

NOV  **금요일**

1퍼센트 더하기

건강, 돈, 공부 중 하나에
오늘 딱 1퍼센트 더 투자하세요.

물 한 잔 더 마시기, 유튜브 강의 20분 듣기, 자동 저축 1만 원 하기

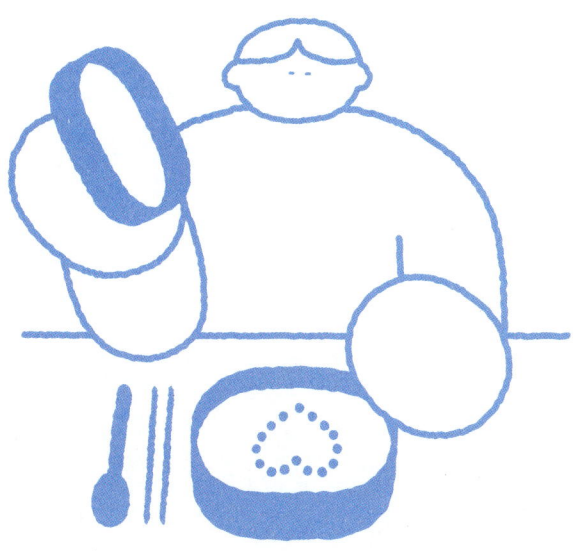

포근하게 쉬고 충전하는 행복 **행복입동**

NOV

8

일요일

함께의 순간

함께했던 시간을 떠올리게 하는 사진 한 장을
상대에게 공유하세요.

동아리 단체 사진

NOV  **월요일**

감각 리마인더

현재의 나를 과거로 데려가는 음식 한 가지를 먹어봐요.

팥죽 한 그릇, 할머니표 된장국, 군고구마 냄새

NOV **10** 화요일

마음의 브리지

과거의 나와 현재의 나를 이어주는
공통된 가치나 태도는 무엇인가요?

"도전은 계속된다." "웃음은 만병통치약이다."

2026

NOV **11** 수요일

후회 없는 하루

오늘 단 하나라도 '잘했다 싶은 일'을 만들어보세요.

#부모님_안부_전화 #아침_운동_성공

NOV # 12 목요일

손 들기 챌린지

회의나 수업에서 손을 들고 질문을 해봐요.

2026

NOV **13** 금요일

레트로 극장

어린 시절 좋아했던 방송 프로그램이나 영화를 한 편 봐요.

NOV **14** 토요일

내 사람 사전

나를 다채롭게 만든 사람 세 명은 누구이며,
그 이유는 무엇인가요?

초등학교 때 친구, 첫 아르바이트 사장님, 좋아하는 일러스트레이터

NOV # 15 일요일

인생 그래프

X축은 나이, Y축은 감정,
그 위에 점 일곱 개를 찍고 연결해 그래프를 만들어보세요.

고3 시절 압박감 ↓, 면접 합격 흥분 ↑

2026

NOV **16** 월요일

향기 소환

과거 행복했던 시간을 떠올리게 하는 향을 맡아보세요.

갓 구운 빵 향기, 첫 자취방 디퓨저

2026

NOV **17** 화요일

그때의 나에게

지금의 내가 '10년 전의 나'에게 보낼 한 문장은 무엇인가요?

"충분히 잘하고 있으니, 조급해하지 않아도 돼."

2026

NOV **18** 수요일

'나다움' 아카이브

내가 가장 '나다웠던' 순간을 한 문장으로 남겨보세요.

"새벽 러닝 완주, 시원한 공기를 느낀 나."

2026

NOV **19** 목요일

나의 시간 랜드마크
내 삶을 그 전과 후로 나눈 사건은 무엇인가요?

#입사_전후 #연애_전후 #유학_전후

NOV **20** 금요일

파일럿 한 시간

시작하기 두려웠던 일을
파일럿 버전으로 한 시간만 실행해보세요.

3킬로미터만 뛰기, PT 1회 체험하기, 외국어 강의 한 시간만 듣기

NOV **21** **토요일**

후회가 준 선물

후회 덕분에 배운 것은 무엇인가요?

#사람_보는_눈 #실패_덕분에_성장

NOV 23 월요일

건강 예약 버튼

미뤄둔 건강검진이 있다면 오늘 예약하세요.

#스케일링_예약_완료 #종합검진_예약

NOV

24

화요일

기억 지우개

다시 기억하고 싶지 않은 순간은 언제인가요?

기억 위에 새로운 의미를 쓰기

2026

NOV **25** 수요일

노스탤지어 프사

카카오톡 프로필을 어린 시절 사진으로 바꿔보세요.

NOV **26** 목요일

나의 위로 미디어

힘들 때 나를 일으킨 영화나 책, 음악은 무엇인가요?

NOV

27

금요일

감정 나눔 산책

친구나 가족과 오래된 이야기를 나누며 10분간 산책하세요.

추억과 함께 걸으면, 건강 관리는 덤

NOV **28** 토요일

내 인생 영화
내 삶에서 가장 영화 같았던 순간은 언제인가요?

#공항_이별신 #출근길_꽃향기

NOV

29

일요일

'지금의 나' 축하

오늘의 나에게 작은 선물을 하나 사주세요.

치킨 한 마리, 메리골드 한 송이

2026

NOV **30** 월요일

나의 킨츠기(金継ぎ)

과거의 상처나 균열이
오히려 나를 더 빛나게 한 일은 무엇인가요?

건강 위기 → 삶의 속도 조절 → 진짜 중요한 것 발견

그레이트 록인

한 해를 정리하고, 다음 챕터를 설계하는 12월.
눈처럼 차분히 내려앉은 시간 속에서 나를 돌아봅니다.
쌓이고 흘러간 하루들이 모여 올해의 이야기를 만들었고,
이제는 그 장을 덮으며 새로운 챕터를 준비할 차례예요.
'그레이트 록인(The Great Lock-In)'은
나를 지탱해준 순간들을 모으고 다가올 시간을 위한
힘을 채워 넣는 과정입니다. 균형을 되찾고, 배움을 기억하고,
작은 리추얼을 세우며 다음 해를 설계해보세요.

지난 1년의 기쁨과 아쉬움, 성장과 배움은
모두 내일을 밝히는 연료가 됩니다.
돌아봄 속에서 길을 찾고, 설렘 속에서 다시 나아가길 바랍니다.

THE GREAT WRAP-UP

12

DECEMBER

일	월	화	수	목	금	토
		1	2	3	4	5
6	7	8	9	10	11	12
13	14	15	16	17	18	19
20	21	22	23	24	25	26
27	28	29	30	31		

DEC 1 화요일

작은 성취

올해 나를 가장 기쁘게 한 작은 성취는 무엇인가요?

일주일에 두 번 아침 러닝, 벽돌책 완독

2026

DEC

2

수요일

클리어 미션

며칠 미뤄둔 일 하나를 클리어해요.

관리비 자동이체 신청, 영수증 정리

DEC 3 목요일

배움 체크리스트
올해 내가 새롭게 배운 것 세 가지는 무엇인가요?

엑셀 단축키 마스터, 러닝 자세, 받아들이는 힘

DEC

4

금요일

아침 공기 리셋

아침에 창문을 열고 1분 동안 찬 공기를 들이마셔요.

겨울의 첫 호흡, 상쾌한 하루의 시작

2026

DEC **5** 토요일

실패의 스펙

올해 실패했지만 그 경험이 남긴 작은 선물이 있나요?

인연 끝, 새로운 취미 시작

DEC  일요일

가계부 점검

하루의 소비 내역을 확인하고 불필요한 지출을 한 개 찾아요.

#배달앱_새벽쿠폰에_넘어감 #구독서비스_자동결제

깊고 넓게 쌓인 행복과 감사 **행복대설**

DEC **8** 화요일

리밸런싱 포인트

올해 내 삶에서 균형을 다시 잡아야 했던 순간이 있나요?

소셜미디어 과다 사용 → 독서량 늘리기

DEC  **수요일**

디지털 인박스 제로

쌓인 이메일과 다이렉트 메시지, 메신저를 모두 '읽음 처리' 해요.

머리까지 리셋!

2026

DEC # 10 **목요일**

나의 성장 그래프

**2026년 초와 지금을 비교했을 때
가장 성장한 부분은 무엇인가요?**

#운동_습관_장착 #자존감_레벨업

2026

DEC # 11 금요일

1일 1정리

하루에 하나씩, 눈에 띄는 안 쓰는 물건을 정리해요.

DEC # 12 토요일

올해의 한 사람

2026년 내 삶에 가장 큰 영향을 준 사람은 누구인가요?

늘 응원해주는 가족

DEC

13

일요일

미니 챌린지

10분 안에 할 수 있는 새로운 도전을 해보세요.

DEC

14

월요일

Good Luck Creator

오늘 하루 누군가에게 작은 행복을 선물해요.

오늘은 내가 욕실 청소 담당

2026

DEC **15** 화요일

미완의 과제

올해 끝내지 못한 일 중 내년에도 이어갈 것은 무엇인가요?

5회 남은 PT, 반쯤 수강한 온라인 강의

DEC

16

수요일

단톡방 정리

소통하지 않고 방치된 단톡방을 정리해요.

2026

DEC **17** **목요일**

미래 캘린더

2027년 캘린더에 꼭 하고 싶은 일 세 가지를 적어둬요.

벚꽃 필 때 해외여행, 여름 파도 잡기, 가을 낙엽 피크닉

DEC **18** 금요일

'I'm on cloud nine' Day
더할 나위 없이 좋다고 느끼는 순간을 찾아요.

출근길 라테 첫 모금, 이불 속에 쏙 들어간 순간

DEC

19

토요일

올해의 BGM

2026년을 대표하는 나만의 OST를 다시 들어요.

DEC **20** 일요일

경외감 느끼기

오늘은 자연이 주는 경외감을 느껴보세요.

일출과 저녁 노을, 쨍쨍한 겨울 햇볕

DEC **21** 월요일

퍼펙트 데이

평범해서 더욱 빛나는 최고의 하루를 만들어보세요.

저녁 먹으며 가족과 수다 떨기

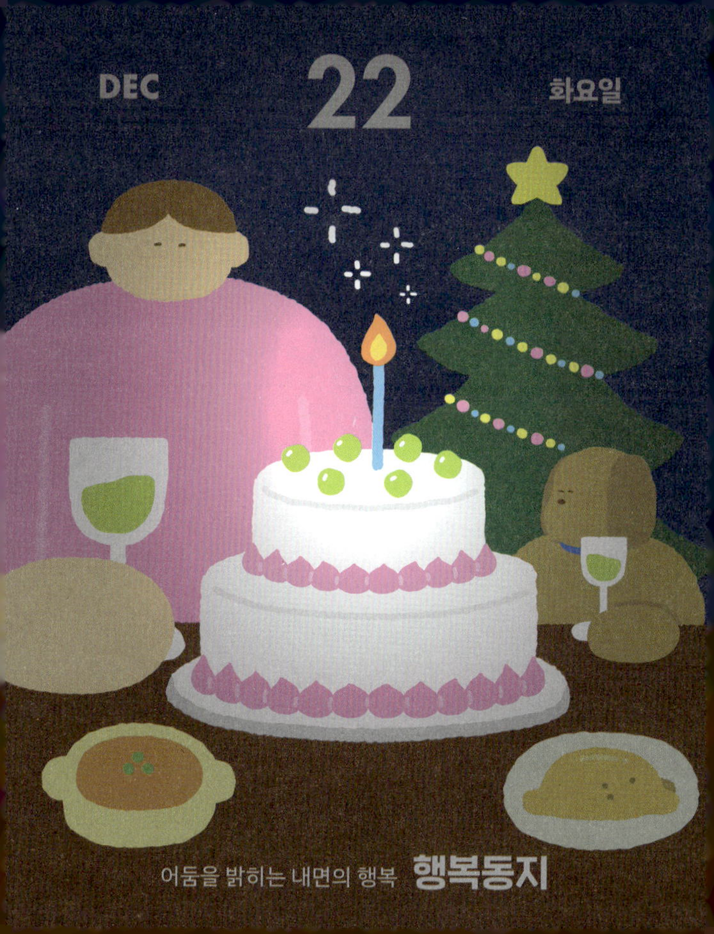
DEC
22
화요일
어둠을 밝히는 내면의 행복
행복동지

DEC

23

수요일

수희(隨喜)의 날

수희, 다른 사람의 좋은 일을 자신의 일처럼 기뻐해요.

2026

DEC **24** 목요일

나만의 성탄 소원

크리스마스 이브, 가장 이루고 싶은 소원은 무엇인가요?

DEC

25

금요일
성탄절

세 컷 다이어리

오늘 하루를 사진 세 컷으로 기록해요.

아침 함박눈, 점심 파스타, 저녁 눈사람

DEC **26** 토요일

연말 피드백 요청

가장 가까운 사람에게
"올해 나에게 점수를 매긴다면?"이라고 물어봐요.

#F학점_금지 #친구야_솔직히_말해

DEC **27** 일요일

나만의 행복

2026년을 보내며 나만의 행복을 정의해봐요.

"행복은 재미와 의미의 밸런스다."

2026

DEC **28** 월요일

새해 준비물

내년을 위한 물건을 하나 마련해요.

DEC

29

올해의 음식

가장 기억에 남는 올해의 음식은 무엇인가요?

#치즈_폭탄_피자 #엄마_집밥_한상

2026

DEC **30** 수요일

새해 티저

내년 목표 중 하나를 미리 시작해요.

2026

DEC **31** 목요일

해피엔딩즈

2026년 나를 정의하는 키워드 세 개는 무엇인가요?

성장, 행복, 리밸런싱

행복력

1판 1쇄 인쇄 2025. 11. 3.
1판 1쇄 발행 2025. 12. 3.

글 서울대학교 행복연구센터·최인철·우정은
그림 오롤리데이

발행인 박강휘
편집 이정주 **디자인** 박주희 **마케팅** 정희윤 **홍보** 박상연
발행처 김영사
등록 1979년 5월 17일 (제406-2003-036호)
주소 경기도 파주시 문발로 197(문발동) **우편번호** 10881
전화 마케팅부 031)955-3100, 편집부 031)955-3200 | **팩스** 031)955-3111

ISBN 979-11-7332-413-0 00100

홈페이지 www.gimmyoung.com
블로그 blog.naver.com/gybook
인스타그램 instagram.com/gimmyoung
이메일 bestbook@gimmyoung.com

좋은 독자가 좋은 책을 만듭니다.
김영사는 독자 여러분의 의견에 항상 귀 기울이고 있습니다.

The Power of Happiness

HAPPINESS DAILY CALENDAR

SIZE. 95X128MM / MATERIAL. PAPER / MADE IN KOREA